Cuidadores del zoológico

Julie Murray

Abdo Kids Junior es una
subdivisión de Abdo Kids
abdobooks.com

Abdo
TRABAJOS EN MI
COMUNIDAD
Kids

abdobooks.com

Published by Abdo Kids, a division of ABDO, P.O. Box 398166, Minneapolis, Minnesota 55439.
Copyright © 2019 by Abdo Consulting Group, Inc. International copyrights reserved in all countries.
No part of this book may be reproduced in any form without written permission from the publisher.
Abdo Kids Junior™ is a trademark and logo of Abdo Kids.

Printed in the United States of America, North Mankato, Minnesota.

102018

012019

 THIS BOOK CONTAINS
RECYCLED MATERIALS

Spanish Translator: Maria Puchol

Photo Credits: Alamy, Getty Images, iStock, Media Bakery, Shutterstock

Production Contributors: Teddy Borth, Jennie Forsberg, Grace Hansen

Design Contributors: Christina Doffing, Candice Keimig, Dorothy Toth

Library of Congress Control Number: 2018953854

Publisher's Cataloging-in-Publication Data

Names: Murray, Julie, author.

Title: Cuidadores del zoológico / by Julie Murray.

Other title: Zookeepers

Description: Minneapolis, Minnesota : Abdo Kids, 2019 | Series: Trabajos en mi
  comunidad | Includes online resources and index.

Identifiers: ISBN 9781532183713 (lib. bdg.) | ISBN 9781641857130 (pbk.) | ISBN 9781532184796 (ebook)

Subjects: LCSH: Zoo keepers--Juvenile literature. | Occupations--Careers--Jobs--
  Juvenile literature. | Community life--Juvenile literature. | Spanish language
  materials--Juvenile literature.

Classification: DDC 636.0889--dc23

Contenido

Cuidadores del zoológico

Brad es cuidador del zoo.

Sostiene una serpiente.

Los cuidadores del zoológico cuidan de los animales.

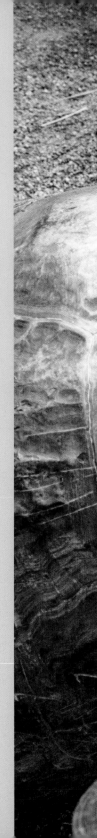

Les dan alimento. Bob le da leche a una cría de jirafa.

Limpian todo el zoológico.

Pat usa una manguera para

limpiar las rocas.

Mantienen a los animales sanos. Adam ayuda a la veterinaria.

13

Llegan a conocer a cada animal. Tim sostiene un koala.

Entrenan a los animales.

Mia enseña al león

marino a dar besos.

Los cuidadores del zoológico dan charlas. Liam habla de los rinocerontes.

¡Los cuidadores del zoológico aman a los animales!

Los materiales de un cuidador de zoológico

los animales

los libros y manuales

la comida de los animales

unos guantes

Glosario

entrenar
enseñar una habilidad o a hacer algo.

veterinario
médico de animales.

Índice

Abdo Kids ONLINE
FREE! ONLINE MULTIMEDIA RESOURCES

¡Visita nuestra página **abdokids.com** y usa este código para tener acceso a juegos, manualidades, videos y mucho más!

Código Abdo Kids:
MZK7917